AF242882

NOTES

SUR L'ALGÉRIE.

NOTES

SUR

L'ALGÉRIE,

PAR

Un ancien Officier de l'Armée d'Afrique,

En Retraite.

Ne rejetez pas une arme sans exámen, parce que
le fourreau est grossier, voyez la lame.

NIORT,

IMPRIMERIE DE ROBIN ET Cie,

RUE DES HALLES, 50.

1841.

NOTES

SUR L'ALGÉRIE.

Victor Jacquemont, dans sa correspondance, s'extasie sur la facilité avec laquelle les Anglais des Trois-Royaumes et les directeurs de la Compagnie des Indes, eux-mêmes, adoptent les idées les plus erronnées sur ce vaste appendice de la Grande-Bretagne. La distance pourrait, à la rigueur, leur servir d'excuse. Les Français, gouvernans et gouvernés, ne seraient pas plus éclairés, sur les affaires d'Afrique, malgré la proximité, si l'on croyait à la franchise des débats parlementaires.

Les uns parlent de fusion, se figurant sans doute que les Arabes, fiers, belliqueux et nomades, ont de l'analogie avec les Indous. D'autres voudraient tout conquérir et sans doute ne se sont jamais fait cette simple question : Si l'on nous donnait tout le continent africain, qu'en ferions-nous ? Gloire, victoire, riment parfaitement, mais ne produisent pas grand'chose : nous ne devrions pas l'avoir oublié.

Que ceux qui ont vu l'Algérie et ceux qui ont suivi avec un esprit d'étude la marche des faits depuis 1830, fassent l'examen de conscience de la conduite des Français, scrupuleusement, en se supposant un instant Chinois ou Canadien, afin d'écarter toute préoccupation de politique intérieure, et ils conviendront que l'avortement actuel n'est dû ni aux gouverneurs qui se sont succédés, ni au gouvernement central; mais à notre nature française.

D'un caractère impressionnable et mobile, sous une forme de gouvernement qui, loin de modérer cette disposition, s'y prête admirablement, nous devons réserver à notre conquête le sort de la Nouvelle-Orléans et de nos autres colonies, *acquises et abandonnées successivement*.

Instruit par ses observations et probablement par les conseils de chrétiens peu affectionnés à la France, l'émir n'a pour but que de nous dégoûter. Ne le voyez-vous donc pas nous attirer, nous amorcer, nous jeter dans les aventures et répondre à chaque victoire brillante et inutile par un coup solide et durable, porté derrière l'armée, à nos essais informes de colonisation. Nous poursuivons le fantôme. L'émir agite le schall rouge devant lequel le taureau se précipite en aveugle et épuise ses forces. Il sait que, passant d'un extrême à l'autre, les Français après avoir fait d'énormes sacrifices, auront pour l'Algérie autant de répulsion qu'ils ont aujourd'hui d'attraction. Il attend, voilà sa force. Il n'a rien à perdre; nos promenades sont des coups d'épée dans l'eau. Chaque pas rétrograde que font nos établissemens est un véritable triomphe pour lui, un commencement de la fin.

Avant de rappeler ce qui s'est fait par nous, par

d'autres avant nous, avant de se demander ce qu'il faudrait faire, il faut connaître au moins le pays sur lequel on bâtit des projets, et c'est malheureusement la dernière considération aux yeux des orateurs qui sont nos maîtres du jour.

Sous le rapport géographique, la côte nord de l'Afrique sur laquelle nous devons agir, comprenant Tunis, Alger et Maroc, est une immense lisière de terres montueuses, étroitement resserrée (environ 15 myriamètres) entre la mer et un pays qui ne produit plus de céréales. Les cours d'eau, le Chélif excepté, qui sortent du plateau supérieur, traversent les divers étages de montagnes presque perpendiculairement à la Méditerranée, ce qui est cause de leur peu d'importance et ajoute aux obstacles qu'offrent déjà ces montagnes qui, parallèles (celles de la grande chaîne) et perpendiculaires (celles des contre-forts) isolent les vallées et ne les laissent communiquer entre elles que par des gorges ou cols.

La régence de Tunis forme une espèce de carré, la mer la bornant à l'est comme au nord, elle est un bout de cette lisière. Elle a deux côtés baignés par la mer.

Si ce pays était échu à la France en partage, l'Algérie serait plus défensible; c'est notre flanc gauche. N'étant pas à nous, il nous est nuisible puisqu'il offre un passage aux ressources que l'émir tire du dehors; dans le cas contraire, il doublerait notre force, la mer étant notre base d'opération.

Indiquer cet avantage n'est pas faire un vœu absurde; l'appliquer au Maroc, notre frontière de l'ouest, serait une folie. Le Maroc est géographiquement et politiquement plus difficile cent fois à dominer que l'Algérie proprement dite.

Tel qu'il nous appartient, ce lambeau de l'Afrique romaine est donc une bande étroite ouverte à ses deux flancs et sur une étendue égale à notre base d'opération, la mer. Songer à acculer l'ennemi, c'est rêver ; puisqu'il a le désert derrière lui et deux flancs pour échapper. Détruire ses grands centres, c'est inutile ; nous allons le voir en traitant la partie politique.

Consultez les écrits anciens et modernes sur ce pays; on y a toujours reconnu deux populations distinctes de mœurs et hostiles entr'elles : les cultivateurs et les nomades (1). La nature du sol détermine cette distinction ; plus on s'éloigne de la côte pour marcher par des plateaux qui s'élèvent successivement jusqu'au désert, plus la contrée devient tourmentée, et plus les plateaux se montrent nus *(arboribus infertilis regio)*, d'après Saluste. Les céréales finissent par disparaître, et d'immenses étendues de terrain ne sont plus habitées que par des peuples pasteurs. La côte, au contraire, et les premières plaines sont habitées ou habitables d'une manière permanente. La richesse des cultivateurs et l'adoucissement des mœurs en a toujours fait une proie plus ou moins facile pour les nomades. La difficulté d'établir une organisation centrale pour relier des peuples qui offraient prise aux nomades sur toute leur frontière sud, et aux conquérans navigateurs sur une

____

(1) *(Berbers)* qui signifie Berger, d'où l'on a tiré Barbarie.

égale frontière maritime, les a toujours mis à la merci des uns ou des autres. Ils ne peuvent tout au plus former que de petits états indépendans, mais faibles. La configuration de la côte de Syrie étant identique, l'histoire des deux contrées l'est également. Elles n'ont eu de page dans l'histoire que par le fait de colonies étrangères fondant leur puissance sur la mer, Tyr et Carthage, et plus appuyées sur leurs possessions d'outremer que sur leur sol.

Relisons l'histoire de l'Afrique du nord et nous verrons cette contrée tombée au pouvoir des Romains sans que Jugurtha, Abd-el-Kader de l'époque, ait pu réussir à concentrer et à réunir la résistance des indigènes. Aux Romains succèdent les Vandales, qui n'ont passé que pour détruire. A ceux-ci les Arabes.

Certes, si un peuple eut des chances d'asseoir sa domination, en s'assimilant aux vaincus, ce furent les prédicateurs du Coran. Mais ce ne fût pas leur mission. Achevant la destruction commencée par les Vandales, trouvant pour auxiliaires naturels les nomades, qui pouvaient se considérer comme un rejeton de la même famille, égaré loin du désert natal sur un autre désert, les Arabes devaient rester maîtres, faire succéder partout à la culture la vie errante. Ils réussirent à agrandir le domaine du désert. Ils fondèrent quelques principautés de peu de durée. Les Arabes du kalifat d'Espagne réagirent sur elles et leur donnèrent un peu de leur civilisation.

Mais leurs luttes intestines les affaiblirent ; ils redevinrent tributaires d'une puissance maritime. Barberousse commença l'asservissement de la côte en établissant à Alger un avant-poste du sultan des Turcs. L'abaissement de ces derniers a coïncidé avec la chûte de leur puissance en Afrique ; c'est encore une de ces nécessités de la Providence : notre-pays a été chargé de l'exécution de cette partie de ses desseins, profitons-en. Mais pour cela, considérons d'abord l'état actuel des populations qui sont devant nous. Les seuls conquérans de l'Afrique dont l'exemple soit à imiter sont les Romains. Examinons leur marche dans ce pays. Voyons l'analogie ou la différence qui peut exister entre les circonstances qui ont précédé leur arrivée et la nôtre.

Les Romains abordant l'Afrique par le royaume de Tunis, alors le dépôt de la civilisation, du commerce et des richesses de la Méditerranée, ont trouvé ce que peut désirer un peuple conquérant : des hommes habitués à une domination régulière, ayant des villes populeuses, jouissant du bien-être d'une vie facile et sédentaire, professant la même religion et à peu près les mêmes mœurs. Ils n'ont eu à vaincre que les gouvernans, les gouvernés n'aidant leurs chefs qu'autant qu'ils les redoutaient plus que les agresseurs ; indifférens au fond, ils semblent dire : *Quid meâ refert cui serviam, clitellas dùm portem meas.* Les Romains se sont substitués au sénat carthaginois, puis à Jugurtha et ainsi de suite. Sur le pays à céréales, où les villes étaient déjà nombreuses et les indigènes sédentaires, la fusion a dû s'opérer promptement ; mais dès que les Romains ont touché les peuplades, de tout temps errantes, qui couvrent les steppes, ils n'ont cheminé que lentement, avec perte de temps, d'argent, de force publique enfin, et partant sans fruit.

Cette lèpre de barbares vagabonds, quelquefois soldée par Rome, mais toujours dangereuse, fut en tout temps si voisine de l'Afrique romaine, que son contact faisait souvent frissonner Carthage et Césarée. La première fut enlevée et saccagée par les barbares campés à une journée de marche, quand une révolution prétorienne mit la pourpre sur les épaules des Gordiens. Une pierre votive retrouvée à Cherchell, prouve que dans les beaux jours de cette Julia-Cæsarea, une matrone romaine remercia Castor et Pollux d'avoir aidé les légions à défaire une nuée de barbares à trois journées de ce port. Et cependant les Romains s'étaient assimilé tout ce qui vivait de l'agriculture.

Sommes-nous dans des circonstances pareilles à celles qui ont accompagné la prise de possession des Romains? Non.

Lorsque l'armée française parut à Alger, le gouvernement appartenait à la milice turque; la protection de la Porte ottomane n'était qu'illusoire et la chûte de l'ordre existant, imminente. Nous l'avons indiqué, d'après sa constitution physique cette contrée doit, ou se morceler en petits états indépendans, agités et d'une courte durée, ou appartenir à une puissance maritime. Lorsque ce dernier cas existe, elle suit les phases de croissance et d'abaissement de l'astre dont elle est le satellite.

En 1830, le trésor public de la milice turque diminuait d'une manière prodigieuse; depuis quarante ans

la fonction originelle de ces hardis pirates que Barberousse avait institués pour balayer les mers , n'avait
produit que peu de revenus et plus de gloire. Les recrues
arrivant du levant étaient moindres en valeur intrin-
sèque et en nombre. Les beys cherchaient à se rendre
indépendans ; l'empereur de Maroc était invoqué dans
l'ouest comme seul calife de Mahomet, les sultans de
Stamboul et d'Alexandrie ayant, suivant les Arabes,
déserté la cause du prophète en adoptant les coutumes
des chrétiens.

Bien que ce fait de dissolution , commençant avant
1830 dans le gouvernement turc, soit connu et dérive
naturellement de la position de l'empire turc en Europe, il peut être utile de satisfaire l'incrédulité par des
preuves.

1º Le relevé des impôts produits par les beyliks de
Constantine , Medéah et Mascara, imprimé depuis la
conquête offre une diminution progressive.

2º Le marabout Ma-el-Din, père d'Abd-el-Kader,
avait été emprisonné par les Turcs à Oran pour avoir
tenté de soulever les tribus de l'ouest par ses prédica-
tions en faveur de l'empereur de Maroc , Abd-el-Rha-
man. Il s'évada et se retira sur les terres de son patron
spirituel , et de son exil il avait encore une immense
influence. Lorsque Hassan, bey d'Oran, se portait avec
le contingent des tribus au secours d'Alger contre les
Français, il reçut à moitié chemin, dans son camp, une
lettre particulière qui lui annonçait le triomphe des
chrétiens ; il réunit les chefs et leur dit : « Les chrétiens
« viennent d'être exterminés, le pacha (Hussein-Dey),

« nous envoie une grande quantité de chameaux char-
« gés de leurs têtes ; ainsi notre concours est inutile ,
« retournez dans vos tentes. » Il se porta rapidement
sur Oran , s'y renferma , réunit la milice turque et ne
se regarda en sûreté ainsi que tous ceux de sa nation ,
que lorsque le pavillon français fut arboré sur les forts
de Mers-el-Kébir et Santa-Cruz ; car la ligne formée
par Ma-el-Din le tenait bloqué.

3º Lorsque les Turcs des diverses garnisons voulurent
se retirer dans des villes occupées par nous, pour rejoin-
dre les tribus dans lesquelles ils avaient une famille par
leurs femmes , ils furent pillés et beaucoup massacrés.

Cet aspect est-il celui que les historiens nous repré-
sentent en parlant des populations africaines, lors de la
victoire de Rome sur Carthage. Devant les Romains ,
un ordre quelconque ; devant nous , désordre absolu.
Devant les Romains, des villes et des cultivateurs autant
que le pays le comportait ; devant nous le désert élargi
par la main des Turcs, comme partout où ils ont
régné. Partout le nomade vainqueur et le cultivateur
vaincu. Ainsi sans rappeler et mettre en opposition
l'avantage qu'ont eu les Romains de trouver dans le
peuple conquis les mêmes mœurs , la même religion
et l'obstacle invincible que nous rencontrons dans des
circonstances contraires , nous avons de plus contre
nous de nous présenter , hommes d'ordre et de travail , devant des sauvages insoucieux du lendemain et
destructeurs par nature.

Quels sont les élémens que nous pouvons nous assi-
miler ? Aucun. Les Arabes ne peuvent non seulement

vivre sous les mêmes lois que nous, mais ne peuvent même vivre dans notre voisinage. L'Arabe cultive peu, ses richesses sont des troupeaux. Pour renouveler le pâturage, il incendie l'herbe lorsqu'elle est sèche sans s'inquiéter de borner l'incendie. Ses troupeaux broutent les jeunes pousses des arbres. L'Européen prend possession du sol en le plantant. Ces deux genres d'exploitation peuvent-ils être en contact ? Demandez-le à l'Espagne, dont l'agriculture souffre encore de quelques habitudes de ce genre, et lisez l'excellent Rapport de M. Blanqui à l'Académie des Sciences, *sur son voyage en Algérie.*

Comptez-vous sur les Maures ou habitans des villes ? Votre activité commerciale et industrielle les tue ; ils fuient votre voisinage. Vous les ruinez par l'élévation du prix des subsistances, des logemens. Leur indolence vous hait, comme leur religion vous méprise, et leur lâcheté vous redoute. Je ne parle pas des Juifs qui, là comme ailleurs, ne vivent que du travail des autres castes. Les Turcs qui n'ont pas abandonné l'Afrique sont vos seuls alliés, parce qu'ils haïssent encore plus les Arabes que les Français ; mais ils n'ont point de racine dans le pays : ils sont les suisses de la régence. Il me reste à parler des Kabyles. Ces peuples, la portion la plus nombreuse de la régence, proviennent des couches successives des vaincus qui, pour échapper au joug des dominateurs romains, vandales, arabes, se sont réfugiés dans les montagnes. Vous retrouverez parmi eux des types de ces différentes races. Ils ont transporté dans leurs montagnes les arts de l'époque à laquelle ils ont émigré. Ils sont sédentaires, ont des villages , fabriquent de l'huile , des étoffes , de la poterie , des armes, de la poudre, et même des monnaies qu'ils imitent assez bien. Ces peuples isolés par les vainqueurs qui occupaient les plaines, ne se connaissent point entre eux, mais leur position identique leur donne une grande ressemblance. Ayant un sol ingrat, ils sont comme tous les montagnards du globe , dans l'usage d'aller travailler dans les pays riches et de retourner dans leurs villages avec l'argent qu'ils ont amassé. Ils ont du reste tous les défauts des Écossais de Walter-Scott. L'esprit religieux est porté chez ces sauvages au plus haut degré, peut-être parce que beaucoup de leurs tribus n'ont adopté l'islamisme que depuis peu d'années.

Vous ne pouvez compter aujourd'hui sur leur concours pour former une population africaine utile. Il faut se contenter de les employer comme ouvriers : nous les regardons cependant comme élémens d'avenir.

Au temps présent, il n'y a donc à aviser qu'au moyen de tirer parti de l'Afrique avec nos ressources. Qu'a-t-on fait jusqu'à ce jour ?

Sous le point de vue militaire, on a bataillé ; sous prétexte de venger une affaire malheureuse , on s'est enfoncé dans le pays à la poursuite de gens qui se dispersaient à votre approche et se refermaient derrière vos colonnes comme le renard suit les chiens qui le poursuivent. Qu'ont les Arabes à couvrir ? — Rien. Où sont leurs grands centres ? — Nulle part. Vous avez brûlé Mascara en 1835 ; avant votre entrée, les Arabes avaient pillé la ville, très satisfaits de l'occasion qui livrait la fortune des travailleurs aux nomades. Vous vous êtes emparés de Tlemcen après avoir compromis la population des Juifs et des Coulouglis (issus de Turcs et de femmes Arabes) qui était restée dans la ville malgré les Arabes, et comptant sur votre protection ; vous les avez livrés à leurs ennemis en abandonnant la place.

Antérieurement, vous avez suivi la même ligne de conduite envers les Kabyles habitant Arzew, envers la population de Médéah abandonnée par vous après une visite.

Tout ce que vous avez touché, vous l'avez gâté ; avec la bienveillance la plus vraie vous avez joué le même rôle que les Vandales.

Vous allez courir à Tekedempt détruire la puissance de l'émir, mais Tekedempt est une enceinte romaine, déserte il y a cinq ans. Croyez-vous qu'il ne fera pas ailleurs ce qu'il a fait à Tekedempt, après avoir perdu Miliana : ce qu'il avait fait auparavant à Miliana, après la prise de Mascara. Pendant que vous détruirez à Tekedempt ce qui n'y existe pas, vous aurez les Arabes aux portes d'Alger qui détruiront le peu de confiance qui existe.

Tant que vous agirez de la sorte, vous n'aurez à vous que la portée du fusil autour de vos remparts. Pour compenser ce défaut d'action civilisatrice, espérez-vous, par vos expéditions, détruire la puissance de l'émir ? Vous vous trompez.

Rappelez-vous que l'émir n'est point l'homme des villes, qu'il est le chef des nomades, ou affecte de paraître tel. Il campe toujours. Eussiez-vous garnison à

Mascara, Tlemcen, Miliana, Médéah, même à Tekedempt, gagneriez-vous une bataille par mois, dussiez-
vous ne pas vous laisser décourager par les ravitaillemens
de vos places. — Non, l'émir ne serait pas détruit.

Cette maudite phrase, *l'émir est détruit*, a souvent
paru à l'ordre de l'armée d'Oran. Combien de fois
n'avons-nous pas écrasé l'émir et fini avec sa puissance
en 1835.

Pour expliquer la difficulté d'anéantir un ennemi
semblable, qui échappe aux armes françaises, comme
le moucheron au lion, nous essayerons de donner la
description d'une expédition en Afrique, à laquelle les
surprises et les razzias font seules exception, et l'on
ne surprend pas deux fois dans une campagne les com
battans arabes.

Toute colonne marchant à l'ennemi est par le fait,
en Afrique, une escorte de convoi. Parce que vous
n'avez de vivres que ceux que vous portez, d'hôpitaux
que ceux que vous traînez ; vos arsenaux et vos troupeaux vous suivent. Il faut donc choisir sa route, en
ouvrir souvent une ; votre marche et votre campement
sont connus de l'ennemi. Il faut coucher sur un cours
d'eau. Votre colonne est l'Europe, la patrie ambulante ;
si vous vous en écartez vous avez la tête coupée. Votre
camp d'hier, votre conquête d'hier deviennent aussi
étrangers aujourd'hui, à vous, que Tombouctou.

Il y a dès le premier jour des malades et des blessés;
ils vous suivront jusqu'au but, portés sur des mulets.

La colonne, bien compacte, bien flanquée, aperçoit
l'ennemi formant une superbe ligne de bataille. Les

novices calculent ce qu'il en reviendra de gloire, le cœur bat en attendant la charge. Ceux qui n'ont vu que la guerre européenne, pensent à des mouvemens de flanc, à des manœuvres. — Dès que la tête de la colonne a franchi l'obstacle derrière lequel l'armée du prophète était rangée, que les spahis et les chasseurs font galoper sur les crêtes leurs chevaux à la même place où brillaient les fusils arabes, les cinq ou six mille cavaliers ont disparu comme le brouillard. A peine s'ils ont envoyé quelques balles dans la colonne. Le mépris pour de semblables adversaires gagné les mêmes observateurs. — Mais lorsque nous avons dépassé l'obstacle, que la queue de la colonne reste seule à passer le ravin qui sort de la montagne, qu'il n'y a plus que quelques cents hommes de ce côté du défilé, tous les Arabes les criblent de balles. S'ils avaient disparu, ils ont reparu, ils sortent des buissons. Malheur aux colonnes fatiguées dont la tête trop hâtée ne se règle pas sur l'arrière-garde; malheur encore aux colonnes dont les bagages ne dégagent pas promptement le défilé. Quand le combat d'arrière-garde ne commence pas librement, au temps prévu par le chef, s'il dure plus que les instans nécessaires au passage de l'arrière-garde elle-même, chaque minute se compte par du sang. A chaque ravin, à chaque défilé, c'est à recommencer, et toujours accompagnés par derrière. — Et où allez-vous? Ils semblent vous le demander eux-mêmes : battre des buissons, incendier des moissons oubliées par eux, quelques gourbis kabyles où la vermine fait plus de fumée que la charpente. Vous promenez vos drapeaux; mais dans le trou où votre drapeau était planté ce soir, le marabout plantera demain celui de sa tribu. Vous ne pouvez le mettre à la fois au campement d'aujourd'hui et à celui d'hier. Où vous ne serez pas, il sera? Est-ce là promener glorieusement la bannière de France? Nous avons brûlé bien des moissons, n'étant même pas assez forts pour les récolter. — Vous atteignez bien une ville, mais elle est déserte, pillée et en cendres. Vous l'occupez et elle ne domine rien. Vous avez l'avantage d'être venu au terme de vos opérations en bloquant volontairement un, deux ou trois mille hommes que vous laissez dans une bicoque inhabitable. Vous avez de plus contracté l'obligation de cheminer régulièrement tous les trois mois sur le même point pour les ravitailler, *sous peine de mort* pour cette malheureuse garnison.

Ces battues incomplètes font sans doute du tort à l'émir, bien qu'il le nie, puisqu'elles troublent sa sécurité; elles nuisent aussi aux tribus dont vous détruisez les récoltes sur la ligne que vous parcourez. Mais elles vous nuisent plus encore, parce que l'émir, profitant de l'éloignement de vos forces, sape près d'Alger vos fondations de colonie et le prestige dont vos armes voudraient s'entourer. Quant aux tribus, elles préfèrent souffrir de vous l'incendie que d'accepter votre protection qui les expose, de la part de l'émir, aux mêmes calamités d'abord, puis à l'enlèvement de leurs femmes et de leurs troupeaux qu'ils ne peuvent lui dérober, comme à vous. Ils ont souvent, avec la sagacité du sauvage, exposé ces motifs de refus en réponse aux propositions qui leur étaient faites de se soumettre.

Voulez-vous un tableau des ressorts que fait jouer le gouvernement d'Abd-el-Kader, qui a adopté le système turc pour rendre la justice et prélever les impôts ? Après avoir lu, vous jugerez, s'il est possible aux Français, même en mettant la morale de côté, d'employer les mêmes moyens ; en un mot, si nous avons la capacité du mal aussi développée que les Arabes. Nous faisons le mal sans réflexion et par conséquent nous ne pouvons l'organiser. D'ailleurs, ce n'est pas là notre voie ; nous sommes des peuples de culture et de science, adversaires naturels des peuples nomades qui, semblables aux sauvages de l'Amérique, coupent l'arbre au pied pour cueillir le fruit. Il ne faut pas changer sa nature, on est maladroit, et heureusement la nôtre est la meilleure.

Voici le système turc. Certaines tribus voisines du siége du beylik, tribus les plus belliqueuses étaient dégrévées d'impôts ; elles s'appelaient Mazzen : c'était la milice à cheval, auxiliaire des troupes turques et des Coulouglis, ordinairement à pied. Cette Mazzen était toujours armée. La politique des Turcs était de désarmer toute tribu suspecte et de laisser le moins d'armes possible aux mains de toutes.

Le pacha d'Alger pressurait les beys, ceux-ci les caïds arabes, et ainsi de suite. Toute tribu récalcitrante était impitoyablement frappée. Un mois ou deux après le refus de l'impôt, si la sécurité l'endormait, elle était assaillie la nuit par ses voisins qu'avait ameutés la milice turque. Chaque auxiliaire faisait son lot de butin, après que le bey, l'aga, etc., etc., s'étaient préalablement payés de leur peine et du retard. C'était une *raz-*

zia. Trois ou quatre têtes, rapportées au chef-lieu, témoignaient de l'exactitude des perceptions et servaient d'avis pour les autres. Si la tribu pillée désirait s'indemniser, elle envoyait ses guerriers à la suite de l'aga frapper sur d'autres contribuables et ainsi de suite. Ce qu'il y a de surprenant, c'est que, d'après les renseignemens connus, la population n'ait diminué que de quatre cinquièmes depuis les Turcs.

Est-ce là le but de votre ambition, est-ce à ce beau résultat que vous voulez arriver ? Un employé des finances parcourrait le pays accompagné d'une colonne de quatre à cinq mille hommes et l'on inscrirait le résultat de sa tournée au budget des recettes de l'Algérie. Ceux qui ne connaissent pas le pays opposent à ce tableau celui qu'offre la province de Constantine. Nous verrons plus loin qu'il n'y a pas similitude entre les trois provinces.

Pour ceux qui ne voient que la superficie et qui pensent au jour le jour, il y a presque satisfaction absolue en considérant les choses de ce point de vue, qui probablement fut celui du maréchal Valée :

Isoler l'est de l'ouest par la ligne du Chélif, gouverner comme on gouverne déjà Constantine et rejeter la guerre sur la rive gauche du fleuve.

Au moins ce plan offre à l'étude une réalité. Ce ne sont pas des idées générales appliquées à un pays exceptionnel, mais nous pensons qu'il est trop tard. Lorsqu'en 1834, l'émir, enfant de l'ouest, successeur politique de son père, étendit sa main sur la province de Tittery (Médéah), dans laquelle il était inconnu, peut-être il était encore temps de circonscrire la ligue arabe, de mettre le Chélif entr'elle et nous, mais aujourd'hui privé de l'obstacle moral, l'obstacle matériel ne suffira pas. Vous avez, là comme ailleurs, négligé de conserver entre vos mains l'autorité que vous aviez enlevée à d'autres. Vous chassez les Turcs, clef de la voûte, et vous laissez à des mains ennemies le soin de mettre l'ordre dans le pays. Tout sauvages ou pillards qu'ils sont, les Arabes, pour leurs relations de tribu à tribu, pour leurs marchés d'échanges, ont besoin d'une autorité. Vous avez cru votre conquête assurée parce que vous avez brisé le joug qui pesait sur le pays, vous n'avez rien mis à la place. Ils se sont jetés avec enthousiasme aux bras d'un pouvoir qui leur assurait le triomphe de leur religion, la destruction de l'anarchie et l'expulsion des garnisons turques qui tenaient encore les places pour nous et continuaient à pressurer le pays environnant.

Ceux qui, par exception, eurent la fâcheuse illusion de vous croire conséquens et de vous donner la main, vous les laissâtes écraser (les habitans de Médéah); ceux qui furent vos ennemis par principes et qui se firent, à vos portes, le noyau de l'opposition dans le pays et le réceptacle de tous ceux qui vous haïssaient (les Hadjoutes) restèrent presque impunis. Vos somptueuses expéditions allaient au loin écraser des ennemis sans valeur et laissaient subsister ce foyer d'insurrection. Il n'était pas difficile de choisir entre le pouvoir d'Abd-el-Kader et le vôtre.

Les guerriers préféraient la soumission à l'émir qui

leur offrait gloire et pillage. Les timides ne voulaient pas s'appuyer sur un bras qui ne savait pas frapper juste.

L'émir est plus absolument obéi dans la province de Tittery que dans celle de Mascara, parce que les habi-tans deviennent de plus en plus belliqueux en marchant à l'ouest, parce que le plus terrible est par conséquent pour eux le pouvoir qu'on doit reconnaître.

Si vous preniez la ligne du Chélif pour base d'opé-rations, il faudrait avant tout établir votre domination sur un pays qui ne la reconnaît pas. Dans les cir-constances actuelles cette ligne serait imaginaire. A la porte d'Alger, votre gauche est appuyée sur la Maison-Carrée (le Fondouck étant détruit). Elle est déjà inter-rompue de ce point à Blidah, puisque Ben-Salem, le bey de l'est, vous pénètre continuellement entre Bouffarick et le Sahel, entre Bouffarick et Blidah. La gauche étant portée à Médéah, vous augmentez votre faiblesse, votre ligne est prise à revers par ce même Ben-Salem, sur les points déjà nommés et ensuite sur les pentes de l'Atlas, au-delà duquel est situé Médéah. Et que prétend-on faire pour constituer cette ligne d'opérations de Médéah à Mi-liana, et ensuite de Miliana à Mostaganem ?... De Mi-liana à Mostaganem, il y a plus de cinquante myriamètres dans un pays montueux, inconnu, dont les peuplades kabyles n'obéissaient pas aux Turcs ; et vous garderiez à dos cette population hostile ? Pour constituer une pa-reille ligne d'opérations, vos 60,000 hommes sont in-dispensables. Si, au lieu de vous prolonger, en suivant le cours du bas Chélif, vous vous bornez à suivre une ligne qui, ayant sa gauche à Médéah, passerait par Miliana (occupant le pont du Chélif), et tournant de là vers la mer et plaçant notre droite soit à Tenès, soit à Cherchell, vous diminuerez certainement les difficultés en diminuant l'étendue de votre ligne ; mais en perdant l'excellent front du Chélif qui n'est presque jamais guéable, vous n'améliorez guère votre système de communication entre les divers points de votre ligne, et vous êtes assis au milieu d'un pays très difficile et insurgé. Il est vrai de dire cependant que ces deux lignes, celle du Chélif et d'abord celle de Miliana à Cherchell, sont rationnelles, mais occupées successivement, et lorsqu'elles pourront réellement s'appeler lignes et bases d'opérations.

Quand vous voulez agir sur la Belgique, vous partez de vos places depuis Thionville jusqu'à Dunkerque, vous accumulez vos ressources dans toutes les places, et de là, vous avancez sur le pays ennemi. Appelleriez-vous cette ligne de Thionville à Dunkerque une ligne d'opérations, si ne possédant plus que Paris et sa banlieue, bloqués dans Soissons, Lille, etc., etc., vous ne pouviez non seulement faire communiquer ces divers points entre eux, mais s'ils ne pouvaient exister que sous la condition d'un ravitaillement trimestriel. C'est pourtant une pareille absurdité qui ressemble le mieux à ce que le *vox populi* réclame.

Militairement, depuis 1835 nous n'avons fait que guerroyer, ce que l'armée appelle *broussailler*. C'est un duel ridicule entre la France et Abd-el-Kader, entre le lion et le moucheron, lutte dans laquelle le dernier sera le vainqueur, si le premier s'obstine à faire de la force au lieu de mépriser son ennemi.

Sous le rapport colonial, poursuivons l'examen.

Il est venu de France beaucoup de spéculateurs, la plupart sans argent ; quelques ouvriers d'art, dont aucun n'avait la pensée d'expatriation, ces deux classes n'ayant d'autre but que de rentrer dans la mère-patrie dès qu'ils auraient ramassé quelques fonds. D'agriculteurs, peu ; de familles agricoles, aucunes. Les Allemands seuls ont fourni ce genre de colons. Des Espagnols, principalement de Mahon, ont amené leurs familles, mais ils sont plus jardiniers que laboureurs.

Des hommes de tous pays abondent dans les villes et dans les camps permanens pour exercer des professions de brocanteurs, cabaretiers, etc. Cette espèce de colons ne manque jamais, encore vient-elle avec esprit de retour.

Sont-ce là les élémens d'une colonisation sérieuse ? Les Allemands qui seul présentent des chances d'espoir pour l'avenir, sont par leur tempérament et leurs habitudes moins propres que les autres Européens à résister au climat.

Le maréchal Soult, dit-on, s'occupe d'engager des familles savoyardes ; il aura, s'il réussit, rendu un service éminent à l'Algérie.

Il serait absurde de blâmer ou de plaindre la France parce que ses enfans laborieux n'émigrent pas. Béni soit le sol qui nourrit ceux qui le remuent.

Mais il n'est pas moins vrai qu'il faut chercher ailleurs que chez nous les germes de la future population algérienne.

Les ouvriers des fabriques sont de médiocres colons. Si l'appât de la vie des cités ne les avait arrachés aux campagnes et ne leur avait fait perdre l'habitude des travaux champêtres, on aurait peut-être moins besoin de bras pour notre sol, et la perspective d'être possesseurs pourrait attirer des colons sérieux en Afrique. Mais il n'y a de trop plein que dans les ateliers, et les excitateurs démagogues, qui prêchent la possession pour tous, oublient de dire à leurs auditeurs qu'il y a du travail et de la terre pour les hommes de bonne volonté, à trois journées de la côte de France, et toujours sous le drapeau national.

Le personnel des colons est donc loin de satisfaire aux conditions d'avenir. Leur assiette dans le pays et la direction que leur donnent les spéculateurs sont bien plus vicieuses et ont été les causes probables de la fatalité qui s'attache à nos établissemens dans le cercle d'Alger.

La banlieue d'Alger se compose d'une réunion de collines qui bordent la mer, limitées à l'est par l'embouchure de l'Aratch, à l'ouest par celle du Mazafran (réunion de la Chiffa et autres cours d'eau). Ce groupe de collines, dont la plus grande épaisseur est de 2 myriamètres sur la route d'Alger à Blidah, par Douéra, et la longueur de l'Aratch au Mazafran d'environ 3 à 4 myriamètres, s'appelle vulgairement le Sahel d'Alger, et comprend la plaine de Sidi-Ferruch, située entre la mer, le Mazafran et les collines. Avant 1830, les Turcs, les Maures, les consuls européens habitaient cette banlieue ; lorsque les Français devinrent maîtres d'Alger , ils durent concevoir d'étranges illusions et rêver les conquêtes de Fernand Cortez à l'aspect d'une colline si verdoyante , entremêlée de maisons de plaisance. Partout des arbres , des conduites d'eau. C'était les nids qu'avaient construits, pour y jouir des dépouilles chrétiennes , les pirates héritiers de Barberousse. Cet aspect du Sahel , vu de la mer , diminue graduellement de fraîcheur et de beauté en s'éloignant du trapèze algérien ; à trois lieues du fort l'Empereur , vous tombez dans la broussaille classique de l'Afrique.

(1) L'avidité des Européens trouva dans cet espace de terrain un premier aliment. Frauduleusement ou sérieusement, les *villas* furent acquises par les gens à la suite des combattans. Nous n'avons pas, Dieu merci, à parler des faits moraux et de la conduite qu'on a tenue envers les Musulmans dépossédés ; mais les résultats matériels furent ceux-ci : les détenteurs firent argent des arbres qu'ils vendirent à l'administration pour le chauffage , payèrent avec une légère part du produit, les frais de l'acquisition vraie ou fausse, et revendirent à de nouveaux exploitans du même genre. Les bâtimens, les terres, les jardins, les conduites d'eau furent abandonnés et tombèrent en perdition.

Malgré la beauté de la position et l'élévation progressive du prix des terrains de ce versant nord de la colline, le mal est loin d'être réparé encore aujourd'hui.

---

(1) Sur le mode légal de transmission des propriétés en Afrique, lisez le Rapport de M. Blanqui. Il explique ses vices, les obstacles qu'il apporte à la colonisation, et propose les remèdes au mal.

Quant aux plateaux supérieurs, aux autres versans et à la plaine de Staoueli ou Sidi-Ferruch , la dixième partie n'est pas cultivée.

Ce ne sont pas les incursions des Arabes qui empêchent qu'on s'y établisse , puisque des fermes ont été essayées à une distance quadruple au milieu de la plaine , hors de tout secours. Pourquoi cette méthode d'extension ; au lieu de se concentrer en présence des coureurs ennemis ?

Deux causes ont amené ces fâcheux commencemens :

1° Les spéculateurs de France ont acheté ou fait acheter des terrains sans s'inquiéter de l'emplacement.

Le raisonnement de ces hommes qui paraît innocent, est un germe de mort pour la colonisation. Ils se sont dit : Achetons ; laissons courir les armées , nous risquons une faible somme , et nos terrains peuvent acquérir de la valeur. Il en résulte que le vrai colon , le cultivateur sérieux, est obligé d'acheter de seconde main, ou de se mal placer , gêné par ces acquisitions mortes ; il en résulte encore l'éparpillement des colons réels. Une loi devrait prononcer l'expropriation de tout détenteur dont le sol n'aurait pas été cultivé pendant plus d'une année.

Et dorénavant déclarer tout autre, que l'état , incapable d'acheter, sur les territoires à occuper, les propriétés hors des villes et faubourgs ou jardins attenans.

2° La seconde cause de l'extension irréfléchie, prise par les exploitans, c'est la récolte des foins.

Les foins sont la principale et presque la seule occupation des colons jusqu'à ce jour. Il ne s'agit pour cette prétendue agriculture que d'avoir quelques fonds avancés par un usurier, des ouvriers qui ne travaillent que pendant une saison et disparaissent ensuite, soit dans les hôpitaux, soit en retournant en Europe, et surtout il faut une vaste surface de terres. On a donc cherché à s'étendre.

Le foin récolté est acheté par l'état en presque totalité ; la coupe en est surveillée par les troupes, et souvent il faut se défendre avec autant de soldats qu'il y a de faucheurs.

Ni l'usurier qui a avancé l'argent pour la solde des faucheurs, ni l'habitant d'Alger qui n'a pas mis le pied hors des remparts et qui a fait la spéculation au café de la Régence, ni le propriétaire du sol qui habite Paris ou la Seine-Inférieure ne connaissent ces terres qu'on a dépouillées de leurs foins, et n'ont envie d'aller les voir. Ces hommes ne se persuadent pas moins qu'ils sont colons, qu'ils sont très exposés, et que le gouvernement leur doit une indemnité si l'ennemi brûle leurs récoltes.

Ces mêmes hommes (il y a des exceptions) ne rêvent que la domination universelle de l'Algérie, c'est-à-dire des expéditions continues, exigeant en même temps la protection de tous les établissemens, quelque soit leur éloignement d'Alger. Comprennent-ils cette simultanéité d'action qu'ils proposent ?

Les opérations intérieures ont donc, comme les opérations militaires, continuellement marché sans direction utile. Toujours en diffusion devant un ennemi rapide et incessamment menaçant, lorsqu'il fallait cheminer toujours avec ensemble et précaution.

Jusqu'ici nous n'avons fait qu'exposer ce qui s'est passé depuis la conquête, et la tâche s'accomplissait seule; chacun doit sentir qu'il y a une marche meilleure à suivre. On la cherche. Nous allons essayer de développer les idées émises devant nous par des hommes capables, sérieux, amis de leur pays et s'occupant de ses graves intérêts.

Il est difficile qu'une faible voix soit entendue, lorsque l'esprit de parti s'est emparé de la question. Malheureusement alors, il ne s'agit plus de la question elle-même ; et chacun dit : périsse l'état plutôt que mon parti. Combien de gens n'ont pas d'opinion faite sur l'Afrique, ou dont l'opinion est contraire et qui votent avec leur chef de file? Combien de rédacteurs de journaux adoptent la devise de la majorité des actionnaires directeurs et soufflent dans les cerveaux de leurs lecteurs peu éclairés des idées absurdes ?

Une circonstance grave a par exception rompu ces amas singuliers de législateurs qui se groupent et se parquent en faisant abnégation de leur opinion personnelle sur chaque objet en délibération, pour faire triompher ce qu'ils appellent leur opinion politique.

Les fortifications de Paris ont compté des adversaires et des apologistes consciencieux. Des hommes compétens, rangés sous la même bannière, ont osé se diviser. Ils ont bien fait, la question était assez grave pour voter, selon qu'on avait conçu le résultat, utile ou funeste. Il s'agissait d'une énorme dépense et de l'avenir du pays.

Au nom de ce même avenir et de la fortune publique, veuillez aussi considérer la question d'Afrique comme question à part. Ne la baptisez ni de parlementaire, ni de cabinet, ni d'autres noms conventionnels ; c'est une question d'avenir ; si vous ne la traitez pas sérieusement, elle cessera dans dix ans d'en être une. Il n'y aura plus d'Afrique française : elle aura rejoint la Nouvelle-Orléans ou le Canada.

Les uns s'entêtent à demander l'évacuation de l'Afrique. Les regrets n'ont jamais servi à rien : c'est un temps perdu que celui employé à écouter les lamentations sur ce qui aurait pu être ou ne pas être. L'Afrique du nord est à nous : elle nous sera très utile. La quitter serait honteux, dangereux, et nous enlèverait de grandes ressources.

D'autres, se prétendant les seuls tuteurs de l'honneur et de la grandeur nationale, afin de se mieux garder du blâme que le public déverse sur leurs adversaires, exagèrent les plans d'occupation, adoptent tout système guerroyant, se battent les flancs et aiguillonnent en même temps les agens de l'état. Lorsque le gouvernement et ses généraux ont été entraînés dans des expéditions déraisonnables, les mêmes organes de la soi-disant opinion publique signalent aux déclamations journalières les opérations funestes qui ont résulté de leurs sollicitations pressantes.

Ils veulent toujours venger *nos frères*. Or, comme il n'y a pas de combat sans perte quelconque, il ne faut occuper l'armée qu'à courir après les Arabes.

C'est pourtant un caractère bien connu aujourd'hui

que celui de la guerre d'Afrique. L'Arabe ne combat qu'où il veut, quand il veut, et se retire quand il veut. Les exceptions sont rares. Leur chef n'a que des établissemens sans importance, qu'il peut déplacer à volonté. Ses troupes régulières ne sont pas écrasées, parce qu'il sent qu'elles ne peuvent résister aux nôtres et qu'il les conserve pour agir sur les tribus qu'il fait marcher contre nous. Il ne les expose donc pas en plaine.

On ne peut acculer l'ennemi à aucun obstacle. Il n'y à pas de villes qui soient indispensables à l'émir. Leur possession pour nous n'entraîne pas celle du pays, elle est un lourd inconvénient à cause des ravitaillemens ; les divers points, villes ou camps, ne communiquent pas. Les blockaus voient passer l'ennemi, ne peuvent l'arrêter ; n'ayant pas assez de monde et ne gardant rien, ils ne sont bons que pour les signaux.

La guerre n'est donc pas le moyen de renverser l'émir.

Un autre moyen proposé serait : Faire plus de mal au pays qu'il n'en fait, et de soudoyer la défection ; mais Abd-el-Kader a plus de moyens et de talens que vous pour se faire craindre des Arabes. Comme vous, il brûlera les moissons, les cabanes, il enlèvera dix fois plus facilement les troupeaux et les femmes. De plus, il fera payer l'impôt, parce que Mahomet l'ordonne pour lui, et le défend pour vous, sous peine de payer une seconde fois à un chef croyant. Un autre motif, c'est qu'on fera scier entre des planches, écorcher vifs, en son nom, ceux qui oublieraient d'apporter la quittance.

Quant aux moyens d'argent, j'emploierais comme Jérémie et M. Desjobert le ton de lamentation en jetant un regard sur le passé, si je ne considérais les regrets comme inutiles. Les occasions sont passées. Tant qu'Abd-el-Kader vivra, son influence rendra vos efforts nuls, parce que la religion, les talens de l'émir , la crainte qu'il inspire, le peu de confiance qu'ont les uns dans les autres les chefs de tribus, tous renouvelés par lui, empêcheront chacun d'oser le premier se séparer de la ligue.

Il reste une *ratio ultima*, dont nos voisins d'outre-mer auraient blâmé, mais accepté l'usage de la part d'un de leurs agens en pareille circonstance. La tête d'Abd-el-Kader a une valeur quelconque , et l'Arabe comme l'Anglais fait argent de tout ; mais on croirait justement notre cause souillée par de semblables trafics. La mission de la France dans le monde est de combattre et d'éclairer. La guerre africaine entraîne avec elle assez de cruautés et d'injustices envers ces gens étrangers à notre querelle primitive avec les Turcs, sans que nous donnions à eux et au monde un seul exemple de lâche perfidie. Permis à l'Angleterre de prêcher l'abolition de la traite et de l'esclavage, tout en faisant avaler de force du poison aux innocens Chinois ; la France doit s'abstenir d'hypocrisie ; elle doit réussir à la face du soleil.

Il faut donc chercher, entre la guerre et la colonisation, de quel système d'alliance nous devons espérer des progrès réels.

Les trois provinces qui composent l'Algérie , dites de

l'est, du centre et de l'ouest, ont un caractère tout différent par leur position géographique, par la nature de leurs populations, enfin par l'importance et le genre d'établissemens que les Français y ont déjà formés.

La province de l'est avait toutes les conditions pour devenir la base de notre colonisation, comme Tunis fut le point de départ des Romains, si Alger, comme capitale de fait, ne l'eût emporté. Les peuples du littoral furent toujours habitués au contact des Européens. Ceux de l'intérieur sont moins farouches que leurs semblables de l'ouest. Le nom de l'émir n'y est connu que depuis très peu de temps. Achmet-Bey, l'ancien maître du pays, est une tierce puissance dont l'influence musulmane nuit à l'établissement de celle d'Abd-el-Kader en offrant une double direction au fanatisme. Enfin, sagement conduite depuis 1837, cette province a trouvé chez les Français force guerrière, justice, protection et générosité. Les agioteurs ont été retenus sur le littoral ; Constantine est à l'abri de leurs spéculations. Le gouvernement traite pour les terres du beylick avec les Arabes eux-mêmes. Aussi, gouvernement et Arabes s'en trouvent bien. Partout la puissance française s'est substituée à la puissance turque d'Achmet. Les habitans ont préféré notre joug à l'ancien, et, malgré la défense du Coran, ils paient l'impôt aux chrétiens. Tranquilles sur notre frontière de Tunis et sur celle de la mer, nous n'avons à défendre la province que sur le front du sud et sur la ligne de l'ouest. Au sud, les populations indépendantes du Biludgerid, auxquelles nous ne demandons rien, combattront les envahisseurs auxquels il faudrait payer l'impôt ; à l'ouest, entre Constantine et Alger, nous retrouvons la guerre sainte, l'action de l'émir qui a confié l'étendard du calife de Maroc à son frère afin d'être sûr de son agent.

Malgré la dépense d'hommes et d'argent qu'entraîne l'occupation de là province de l'est, les espérances d'avenir que donne la situation actuelle, séduit assez pour désirer sa prolongation. Mais si des événemens graves dans le monde sollicitaient la présence de vos troupes sur le sol européen, vous seriez forcé d'abandonner, Constantine et Sétif, sans laisser rien pour soutenir votre cause. En admettant que plus tard, l'horison s'étant éclairci, vous songiez à reprendre vos positions, vous auriez eu, aux yeux des indigènes, le tort de reculer, laissant à découvert ceux qui auraient eu l'imprudence de se soumettre à des infidèles.

Pour prévenir un si fâcheux résultat, profitons de la paix européenne qui nous laisse la disposition de nos troupes. A l'ombre de leurs bayonnettes, élevons un pouvoir dépendant de nous, mais assez fort, assez libre de ses mouvemens pour tenir tête à l'ennemi si nous étions forcés à une retraite momentanée. Habituons les indigènes à respecter ce lieutenant, à être gouvernés par lui : de l'argent et de la poudre sont des moyens sûrs pour le mettre à même de contenir le frère de l'émir.

S'il trahissait notre confiance pendant le retrait supposé de nos troupes, nous n'aurions perdu ni plus ni moins le fait de notre puissance; nous aurions au moins conservé le pouvoir moral, et en punissant plus tard le traître, nos sujets nous regarderaient comme ayant rempli nos devoirs de protecteurs et n'auraient pas à nous reprocher la déloyauté et l'abandon.

Il ne manque donc à la province de l'Est que l'éducation d'un pouvoir musulman capable de défendre le pays contre l'ouest, si l'état de l'Europe nous obligeait à réduire l'occupation des troupes françaises aux points du littoral (1). Un Turc ou Coulougli, sans racine dans le pays, d'une race regardée par les Arabes comme supérieure à la leur, serait plus propre à ces fonctions qu'un indigène proprement dit. Il serait pour les affaires de son gouvernement plus indépendant des intrigues intérieures et, par sa qualité de Turc, moins accessible et moins confiant aux promesses de l'émir. C'est le gouvernement de transition. Graduellement, l'essai d'un califat des Français permettrait, même en temps de paix, la substitution de la mazzen aux troupes nationales. La division actuelle du pouvoir en un nombre considérable de mains, rend les choix difficiles et ne permet pas l'élévation d'un homme, capable de tenir contre l'émir pendant notre absence. Le reproche fait très sensément de n'avoir pas divisé le pouvoir en Afrique, n'en subsiste pas moins. La division

(1) On oublie souvent dans les discussions sur l'Afrique qu'il y a sur la côte la Calle, Bone, Philippeville, Bougie, Gigelly, Alger, Cherchell, Mostaganem, Arzew, Oran et Rasgoun déjà occupées par nos troupes et quelques points tels que Colo, Deslys, l'îlot de Tenès encore inoccupés, qu'en cas de guerre maritime il faudrait garder comme abri pour nos corsaires, et dangereux entre d'autres mains.

indéfinie donne à un seul ambitieux la facilité de s'éle-
ver, c'est la division limitée entre des mains laissées
fortes et capables de résistance aux ambitieux que nous
demandons. On le sait, l'anarchie appelle l'autocratie.
En demandant de placer toutes les forces de l'Est dans
une seule main, et plus tard, en demandant que le
faisceau formé par l'émir soit brisé, on ne se contredit
pas. Il faut trois ou quatre chefs musulmans dans l'Algérie. Un seul nous bravera, mille céderont au
plus habile, ne pouvant ni s'entendre ni lutter contre
lui. Trois ou quatre seront assez forts pour lutter
entr'eux, trop ambitieux pour s'entendre, et nous
resterons arbitres.

Quant à l'œuvre de colonisation dans cette province,
elle peut continuer à s'effectuer sur le littoral comme
elle a commencé, mais il est à craindre qu'en se diri-
geant sur Philippeville, les efforts des Français n'aient
pris encore une fausse direction. C'est toujours là,
comme à Alger, le sentiment mercantile qui domine.
Ce point a réuni tous les colons de la province. La ville
de Bone est abandonnée parce que Philippeville est plus
près de Constantine et sur la route militaire en débar-
quant d'Europe. Nos colons n'étant que des marchands,
qui vivent aux dépens de l'armée et des employés, ont
suivi la marche de ceux qui les nourrissent ; tandis que
la plaine de Bone, les forêts qui existent sur la côte
entre Bone et la Calle, étaient une position unique pour
l'exploitation sérieuse du sol. Mais là, comme partout
en Afrique, la question a été résolue à l'envers de la
solution demandée. C'est l'armée qui fait subsister les

colons, tandis que l'on devrait tendre à faire subsister l'armée par les colons.

Cette direction fausse est plus nuisible à Alger où existe le plus grand nombre d'Européens, et ce qui sera dit sur ce point central est applicable aux autres. Occupons-nous donc d'Alger et de la province centrale.

Chaque expédition lointaine a été signalée par des désastres plus ou moins irréparables portés à nos établissemens civils autour d'Alger. Aussitôt les colons et la presse se sont rués sur l'imprévoyance et l'inhabileté des généraux. En regardant autour d'eux, ils auraient vu la source du mal. Ne sont-ce pas les colons qui demandent et font adopter le système de domination universelle et par conséquent la guerre? Ne sont-ce pas eux qui jettent l'armée hors du territoire occupé, et qui, par étourderie et avidité, se sont disséminés?

Par suite de leur fâcheuse impulsion on tire de l'armée le plus possible pour faire campagne, tandis qu'on devrait faire d'abord la part de la défense et n'agir qu'avec le surplus. Ce dernier principe doit régler nos opérations militaires, de même que dans l'expatriation des colons et dans les facilités accordées par le gouvernement pour leur installation, on doit avoir pour but de faire nourrir l'armée par les colons, et par conséquent avoir égard à la qualité de ceux auxquels on accorde des faveurs.

Reprenons l'examen de nos positions actuelles dans la province centrale, et voyons de quelle utilité elles sont, afin de ne garder que celles dont nous avons besoin pour le moment.

Miliana n'est nécessaire qu'autant que la ligne du Chélif serait adoptée, et d'après l'inspection de la carte et le rapport de tous ceux qui connaissent le pays, ce point isolé est un exil pour la garnison qui l'occupe. Les troupes ne peuvent sortir de la place ni communiquer avec Médéah ou Cherchell. Elles ne peuvent ni vivre sur le pays, ni même se ravitailler dans les places voisines.

(1) En cas de guerre européenne, il faudrait évacuer précipitamment la place (ou pour dire plus vrai, aller retirer la garnison). Eussions-nous la paix en Europe, personne en Algérie n'a conçu le projet de coloniser au-delà de la première chaîne. Il vaut donc mieux s'exécuter et détruire de fond en comble ce qui existe à Miliana. Avant de continuer, nous dirons pour désarmer ceux qui crieraient au vandalisme en lisant cette proposition, qu'une ville arabe n'a aucune valeur d'avenir pour nous. Ses matériaux seuls sont employés.

En effet, Blidah occupée par nous, n'a pu être utilisée qu'en bâtissant de nouveaux édifices. Le génie militaire a fait une fausse économie toutes les fois qu'en

---

(1) Miliana n'est pas sur une direction de grande route. Cette ville, située aux deux tiers du mont Zachar, plane sur les rives du Chélif; mais pour y monter, il faut passer par une gorge difficile qu'on gravit pendant deux heures. Ce ne serait même pas un refuge pour un corps harcelé dans la plaine. La position n'acquerrait de la valeur que si l'on découvrait un passage du mont Zachar à Cherchell.

Afrique, il a rhabillé les maisons du pays qui ne sont en aucune manière disposées pour notre usage. L'étroitesse des rues, où une voiture ne peut passer, l'absence de places, sont des raisons de plus pour ne pas regretter les maisons de Miliana. Lorsque les empiétemens graduels de notre civilisation arriveront à Miliana, les colons et l'armée retrouveront le beau site, les belles eaux, les immenses ressources de la plaine du Chélif, et ne regretteront pas les mesquines habitations dont l'usage eût été nul pour eux et dont l'existence eût pu laisser aux indigènes l'idée de retour.

Malgré l'inutilité actuelle de Médéah, il serait peu sage de prendre à son égard le même parti qu'envers Miliana. Médéah, il est vrai, n'a que peu d'action sur le pays, mais en augmentant sa garnison du nombre d'hommes que vous aviez à Miliana, vous la rendrez susceptible de lancer de temps à autre des colonnes au dehors, vous lui donnerez la facilité de communiquer avec Blidah; elle n'est pas réduite au vol du chapon. Ensuite une considération de colonisation vous y oblige : la sécurité de Blidah dépend en partie de cette occupation. Il est impossible, comme on semblait l'espérer en 1837, de garder une plaine dont la ceinture appartient à l'ennemi. Médéah est assis sur les plateaux de l'Atlas, peut se relier avec les pics qui dominent Blidah et arrêter toute force considérable qui se porterait sur nos établissemens de ce côté. Enfin, c'est l'amorce de la route future qui conduira sur les bords du Chélif.

Pour que Médéah remplisse convenablement ces conditions, il doit y être entretenu une garnison de 3,000 hommes ; si les nécessités continentales obligeaient à la réduire, il suffirait d'une faible troupe pour garder un poste dans lequel il n'y a point de population étrangère à surveiller. Médéah et Miliana (1) étant les seuls points non maritimes occupés par nous hors de la ceinture de l'Atlas, il reste à considérer quels sont les moyens de défense naturels dont il faut profiter pour *travailler* à l'abri des Arabes, et les obstacles à créer contr'eux dans la portion de la Mitidja et le Sahel d'Alger, sur lesquels il est seulement raisonnable d'opérer.

La Chiffa, qui traverse l'Atlas à une lieue et demie à l'ouest de Blidah, et qui sous le nom de Mazafran, vient se jeter dans la mer, est la ligne de démarcation qui doit limiter et défendre l'ouest de nos établissemens. Elle laisse en dehors Coléah, qui sans sacrifices à faire comme pour Médéah, est un très bon poste extérieur, défendant les passages inférieurs de la Chiffa et d'où l'on peut prendre à revers les maraudeurs.

Le projet de ligne continue semble avoir été abandonné ; la Chiffa était une des bases de ce système. La science a été trop absolue dans la discussion. Il n'y a aucun rapport entre les entreprises des Arabes et celles des armées européennes, contre lesquelles des profils énormes ont été inventés. On est protégé contre les Arabes, lorsque l'obstacle empêche une troupe d'une trentaine de *cavaliers* de fuir ceux qui les poursuivent. Ceux qui connaissent le pays conviendront que les

____

(1) Médéah, comme Miliana, ont été, à notre approche, évacuées par la population juive et musulmane.

troupes arabes ne pénètrent jamais dans un *cul-de-sac*, c'est-à-dire dans une portion de terrain fermée sur trois de ses côtés, parce que les défenseurs arrivant par la gorge, il n'y aurait pas de retraite possible et que le cavalier arabe ne s'expose que dans la certitude de pouvoir s'échapper sans combat obligé.

Or, au sortir de la montagne, la Chiffa présente sur sa rive droite (la nôtre) un escarpement de plus de 7 mètres, terme moyen ; des sentiers difficiles sont les seuls passages par lesquels on monte du lit de la rivière au plateau de Blidah. Il n'y aurait presque pas de travaux à exécuter pour raidir les pentes et ne laisser que des passages gardés. Cet escarpement règne jusqu'à la hauteur de la redoute de l'Oued-el-Hallech. Plus bas, des marais impraticables offrent également peu de passages jusqu'au point où le Mazafran coule entre le Sahel d'Alger et celui de Coléah. Certes, si le génie utilisait ces deux moyens naturels de défense, il ne resterait pas un tiers du trajet de la rivière jusqu'au Sahel sur lequel on eut à créer une ligne de défense. Si dans ce tiers, au lieu de parapets, on se contentait d'un fossé dont les terres seraient rejetées de notre côté, sans travail postérieur, avec des corps de garde flanquant les passages réservés, ainsi que cela a été pratiqué pour l'enceinte du village de Bouffarick, les travaux à exécuter seraient moindres que le développement des camps de l'Arba et de l'Aratch, et du Fondouck, de Kara-Moustapha et de tant d'autres redoutes que nous avons semées dans nos essais. Jamais ils ne seraient inutiles dans un pays où les troupeaux exigeront longtemps un grand parcours,

et par conséquent seront toujours exposés aux maraudeurs isolés qui subsisteront aussi longtemps que le
pays même. Du Sahel à la mer, la rivière est encaissée
comme toutes celles d'Afrique ; presque partout et
presque toujours infranchissable, il y aurait encore
moins de travaux à exécuter ; mais la surveillance est
plus nécessaire là que nulle part, tant que les Hadjoutes occuperont l'autre rive.

Cette ligne de défense établie et quelques postes gardant les passages de la montagne au-dessus de Blidah,
les Arabes de l'est n'oseront jamais se ruer sur les colons de Blidah, sachant que la cavalerie de Bouffarick
leur fermerait la retraite. Ce qui fait aujourd'hui la
sécurité de Ben-Salem, c'est qu'en venant de l'est il
peut, lorsqu'il est poursuivi, se retirer par l'ouest. Il
ne s'agit donc pas de construire un parapet défensif
contre l'ennemi, mais seulement de créer un obstacle
à son passage. Quant à la durée de l'ouvrage, à la facilité pour l'ennemi de le détruire s'il n'est gardé sur
toute la ligne, qu'on se rappelle que des ouvrages d'un
intérêt bien plus grave et d'une destruction plus facile
durent toujours loin de notre protection. Nous avons
retrouvé en 1840, et à chaque passage, nous revoyons
dans le col de Mouzaia des ponts construits en 1832
par l'armée, qu'une allumette pourrait détruire, et
dont l'absence nous aurait été, lors de l'attaque du
duc d'Orléans, très préjudiciable.

Les travaux sérieux qui s'exécutent à Blidah proté-
geront les habitations des colons et leurs magasins
contre les attaques des troupes nombreuses, ils auront

eu le temps de se renfermer eux et leurs bestiaux lorsque les postes auront signalé par le canon une incursion trop formidable pour qu'ils puissent sortir de leurs redoutes.

Le Sahel fermé dans notre projet à l'ouest, doit être mieux protégé qu'aujourd'hui du côté de l'est. La Maison-Carrée ne voit pas et défend encore moins le passage de la barre de l'Aratch presque toujours guéable. Il faut qu'un poste puisse canonner et même fusiller ceux qui s'étant enfermés dans le Sahel, chercheraient le passage pour fuir, afin qu'ils perdent à jamais l'idée d'y revenir. Depuis la Ferme-Modèle jusqu'à Oulled-Mandil, il faut soigneusement couper les passages, y former des abattis, se servir de la route nouvelle en l'escarpant sur son débord, enfin employer toutes les ressources de l'art afin de couvrir le Sahel. C'est le fœtus de notre colonie. Si nous réussissons sur un seul point, la question est tranchée. C'est une économie de temps, d'hommes et d'argent, que de dépenser hommes, temps et argent à coloniser le Sahel.

Courir après Abd-el-Kader, le détruire lui-même ne résout pas le problème. Que ferez-vous après? Pourquoi ne pas faire tout de suite ce que vous feriez alors? Soyez assurés que vos courses, même victorieuses, n'ébranlent pas son crédit. Il persuade à ses co-religionnaires que vous vous lasserez, qu'ils n'ont besoin que d'attendre, et il a raison. Colonisez, travaillez à l'abri de ses coups, il est vaincu, car vous lui aurez donné un démenti. Il n'a jamais promis dans les mosquées, au nom de Dieu, que vous seriez vaincus; il a promis que vous seriez las avant lui et que vous vous retireriez. Vos expéditions ne soulèvent pas la moindre jalousie chez nos voisins de la Manche ; travaillez, ils réclameront. Les sensations que vos actes leur font éprouver est la meilleure pierre de touche. En coïncidence avec les moyens que nous venons d'exposer pour couvrir les travaux des colons, il faut parler de l'emplacement et de l'emploi des troupes.

La cavalerie (1), qui dans les expéditions ne doit jouer qu'un rôle particulier et très différent de celui qui lui est destiné dans les guerres européennes, est indispensable pour protéger nos points occupés. Seule, elle peut se porter rapidement sur ceux que l'ennemi, toujours à cheval, a surpris ; seule, elle peut l'atteindre et lui faire abandonner les troupeaux qu'il a enlevés. Pourquoi donc laisser la cavalerie autour d'Alger, en dedans du Sahel, face à la mer. La même raison que j'ai fait valoir, de l'instinct qu'ont les Arabes de ne pas se fourrer dans un cul-de-sac, les déterminera à ne pas se placer entre les défenses matérielles et la cavalerie. La plus grande portion doit donc être casernée à Bouffarick, centre de notre plaine. Bien que ce point s'assainisse chaque jour, un séjour prolongé y serait malsain ; mais les escadrons changeront avec Blidah, Douéra et d'autres postes à établir.

---

(1) Dans les campagnes d'Afrique, la cavalerie ne devrait être que la réserve de l'armée, à l'exception des pelotons détachés servant de réserve aux tirailleurs d'infanterie sur les quatre fronts de la colonne.

La cavalerie qui part de Moustapha est obligée de contourner le Sahel ou de le traverser par des chemins sinueux pour se rendre, par Douéra ou la Ferme, sur les points attaqués, l'ennemi la voit venir, a deux heures d'avance sur elle et se retire tranquillement.

Douéra même, qui est un bon poste d'observation, a l'inconvénient de ne communiquer que par une longue descente avec la plaine. Si l'on trouve de l'eau à Oulled-Mandil, ce serait le véritable poste de deux escadrons que Douéra avertirait promptement de l'urgence de monter à cheval. En somme, la cavalerie doit être placée au pied extérieur du Sahel et dans la plaine. C'est à cette arme que la sûreté de nos établissemens doit être confiée.

Nos établissemens couverts, il s'agit de les faire fructifier. Nous le répétons, les colons agricoles ne viendront pas de France. Il faut suivre l'excellente idée du maréchal Soult : appeler des familles étrangères. Les familles ont fait l'Amérique du Nord, les aventuriers ont fait celle du Sud. Il faut acheter des terres aux Arabes, s'emparer de celles du domaine turc qui sont comprises dans les limites qu'on se réserve de défendre, empêcher surtout les spéculateurs de tripoter. Diviser ces terres aux familles, leur faire même des avances d'instrumens et leur abandonner la propriété après un laps de temps. Chercher à introduire dans les nouveaux villages une discipline militaire serait pour eux un motif d'éloignement et serait aussi illusoire que nos projets de gardes mobiles en temps de paix. Quand l'ennemi est là, les uns et les autres paient de leurs personnes, mais le mot de discipline, en temps de paix, là bas comme ici, répugne à ceux qui travaillent.

Le village de Dely-Ibrahim, peuplé de colons allemands, a résisté au choléra, à la négligence perpétuelle que l'on a mise à ne point couvrir son front, au manque d'eau, etc., obstacles qui auraient arrêté une colonie d'hommes moins persistans par nature et obligés par leur position de pères de familles à les vaincre pour subsister. Là seulement, il y a culture véritable et en progrès.

Que ne pourrait-on pas espérer d'hommes dans les mêmes conditions morales, mais d'un tempérament plus approprié au pays, tels que des Piémontais, placés sur un point mieux choisi par rapport à l'eau et mieux défendu des maraudeurs.

Le Sahel et Blidah étant les seules étendues de terrain qu'on peut couvrir, les colons autres que ceux de l'état qui s'établiraient soit en intermédiaires, soit plus loin, comme d'autres avaient déjà fait, opéreraient à leurs risques et périls. Un plan de défense ne peut être élastique et se prêter aux convenances ou aux caprices de chacun.

Si ces deux centres venaient à réunir une population productive et à atteindre les limites protégées, il serait temps alors de fermer efficacement l'ouest par la Chiffa, l'est par une ligne qui, prenant au-dessus de la tribu de Guerrouaou, joindrait les marais d'Aouch-Aouch à l'est, et gagnant la ferme de M. Vialar, donnerait un nouvel aliment aux colons. Enfin, il n'est plus difficile dé pousser les postes en avant, lorsqu'ils ont derrière eux une population qui les nourrit, qui est intéressée à éveiller leur attention sur les entreprises de l'ennemi. Avant dix ans, vous seriez obligés d'occuper l'autre rive de la Chiffa.

Quant à l'armée, son rôle dans cette œuvre de colonisation se déduit de ce principe : disposer d'abord des troupes pour couvrir la colonie et employer le surplus à son avenir.

Or, comme Abd-el-Kader ou tout autre ne peut être à aucun titre souverain en Algérie ; que tout traité avec lui serait une faiblesse déguisée qui ne lui échapperait pas et qu'il proclamerait ; il faut employer les troupes que la paix continentale nous permet d'avoir en Afrique, au-delà du strict nécessaire, à protester contre les actes de l'émir. L'armée mobile doit être incessamment dirigée sur les marchés qui, se tenant à jour fixe, sont aisés à troubler, et c'est la plus grande désolation qu'on puisse faire supporter aux tribus qui traitent tout sur les marchés à défaut de villes. Au printemps, fouler les moissons naissantes et les faire fourrager ; incendier ces moissons dès qu'elles sont mûres. Enfin, faire le plus de mal possible sans trêve et sans pitié. Ce n'est certainement pas une œuvre d'humanité pour une société de philantropes, comme se prétend la nation française, mais il faut terminer cette lutte, et les moyens à employer de race à race ne sont que ceux d'extermination. Abandonnez le sol à ceux qui l'occupent ou détruisez-les. C'est la guerre du chapeau contre le turban. Cette guerre a commencé en Grèce, lorsque, vos théories politiques du jour entraînèrent la nation entière à pousser le gouvernement dans une grave faute, celle de donner des forces à la Russie aux dépens de la Turquie et de notre argent. Sachons aujourd'hui tirer meilleur parti de nos efforts. Moins de chevalerie et plus de résultats. La race européenne attaque l'ancienne race sur tout le globe (1). Elle a chassé de l'Amérique ses anciens habitans ; elle étreint l'Asie par la Chine et le Caucase ; elle cerne l'Afrique partout où elle n'a pu la pénétrer. Les croisades avaient échoué, c'était fer contre fer. L'industrie réussira à nous ouvrir la route ; les anciennes races n'ont rien à opposer à une pareille arme, plus destructive et plus dévorante contre ceux qu'elle atteint dans l'inaction que le fer et le feu.

Marchons donc puisque le monde européen s'ébranle. Les premières tribus auxquelles il faut attribuer ce système d'anéantissement sont celles des Hadjoutes ; au moins là, il y a vengeance à exercer, et l'instinct du soldat sera d'accord avec la politique.

Depuis dix ans que l'on se promène au loin, on laisse subsister dans le voisinage d'Alger une tribu effrontément hostile. Le nom d'Hadjoutes, jadis celui d'une tribu de cultivateurs pacifiques, est aujourd'hui le synonime d'ennemi mortel des Français. Qu'il n'y ait pas un instant de repos pour ces hommes jusqu'à ce

----

(1) Il n'y a déjà plus sur les mers d'autre pavillon que le pavillon chrétien. Ce qui reste du croissant n'est qu'une trace, une ruine, témoignant de ce que fut sa puissance : les mers balayées, la croix attaque les continens.

qu'ils aient quitté la plaine ; que leurs troupeaux soient cernés et enlevés ; leurs huttes et leurs charrues incendiées ; leurs bois traversés par des percées ou détruits par le feu. Certes, quinze jours de battues dirigées par les transfuges, exécutées par quatre colonnes de mille hommes termineraient cette besogne, surtout si l'on profitait de l'occupation que donne à l'émir l'expédition d'Oran, et qu'on débarquât de l'infanterie au pied du Chenouan pour balayer à revers les environs du Tombeau de la Chrétienne.

Les Hadjoutes sont les seuls Arabes importans qui habitent la plaine aujourd'hui. Après leur expulsion, nous nous trouverons en rapport avec les Kabyles qui couvrent la ceinture des montagnes. Ces peuplades, qui ont conservé quelqu'indépendance, même en prenant le parti d'Abd-el-Kader au cri de la guerre sainte, se sépareraient facilement de la ligue, s'ils nous avaient seuls derrière eux et sûrs de n'être point pris à revers par les partisans de l'émir. Ils garderaient les passages de l'Atlas dans leur propre intérêt et leur disséminement empêcherait leur coalition. Les neiges qui règnent sur les montagnes dans les hivers rigoureux les obligent de descendre avec leurs troupeaux dans la plaine. Ils sont très malheureux des hostilités en pareilles circonstances parce que l'autre versant qui leur offre sécurité contre nous manque de pâturages. Ils ont été déjà habitués à venir travailler dans la ville et dans les établissemens ruraux, il est donc facile d'en faire des alliés, sinon des amis.

Leur territoire ingrat est le dernier qui tentera nos

colons , et déjà ils auront succombé sous l'industrie ou se seront assimilés quand la nécessité pourra faire songer à les déposséder.

Ce serait après ce succès obtenu , qu'appuyés sur les montagnes, sur Cherchell, Médéah , Hamza et Dellys on pourrait songer à la grande ligne du Chélif; mais il faut commencer laborieusement par le Sahel et ne pas perdre de vue qu'une seule année de culture, mal-gré Abd-el-Kader et sa guerre sainte, aura résolu la question et prouvera aux Arabes qu'on ne veut pas la paix et qu'on n'en a pas besoin; que les Français sont déterminés à cultiver avec ou sans eux; à traverser leur pays avec ou sans leur consentement.

Mais tant que vous laisserez les Arabes vous prouver qu'en temps de guerre vous suspendez l'œuvre de colo-nisation, vous avouerez votre faiblesse ; vous êtes entre leurs mains malgré vos victoires , qu'ils n'ont jamais pensé à contredire et qui ne leur prouvent que votre impuissance à tirer parti de vos forces.

Le vœu que nous émettons de voir marcher progres-sivement et de n'employer à la guerre que le surplus de l'armée, après en avoir distrait d'abord ce qui est nécessaire à la garde des points occupés , se rapporte à la province de Constantine comme à celle d'Alger. La province d'Oran est toute différente des deux autres.

La province d'Oran , nous l'avons dit, est la plus belliqueuse. Elle contient proportionnellement moins de Kabyles. Les Arabes y sont organisés en grandes tribus. La présence hostile des chrétiens à Oran qu'ils n'ont abandonné qu'en 95 , le voisinage de Maroc , souvent en guerre pour le territoire de Tlemcen , étaient des alimens qui entretenaient ces peuples sous les armes.

Expulser les Arabes du pays est la dernière opération à laquelle les Français doivent penser. Cette idée est réservée à la dixième génération , si elle s'accomplit. Les dominer est difficile. Il n'y a qu'une chance d'avenir pour l'exercice de notre autorité dans l'inté-rieur ; elle réside dans l'animosité que Mustapha et sa famille ont conçu contre l'émir.

Seul, des quatre ou cinq chefs puissans qui existaient dans la province à la chûte des Turcs, Mustapha n'a succombé ni au poison, ni aux prisons du fils de Mah-el-Din.

Ancien chef de la mazzen , ou lieutenant des Turcs dans la province , il a quitté la ligue comme les autres chefs, lorsqu'il a vu la guerre sainte servir au fils de son prédicateur, humble moine, fils de moine, de pré-texte pour monter sur le pavois et pour écraser les grands. Il rompit lorsqu'il était encore assez fort pour renverser l'émir futur. Nous aidâmes sottement ce der-nier contre son rival, et deux ans après, reconnaissant notre faute, nous fûmes délivrer Mustapha bloqué dans Tlemcen par le fils du prêcheur Mah-el-Din.

Mustapha haît Abd-el-Kader. Voilà le mobile de ses actions. S'il se fut rallié pour tout autre motif, il serait méprisé de nous et des Arabes, comme tout transfuge. L'esprit de vengeance transforme aux yeux des hommes la trahison en loyal dévoûment. Tant que Mustapha , et *peut-être* son neveu El-Mazzari vivront, on pourra compter sur les Douairs et les Smélas. Après

eux, les débris de ces tribus, privées de leur âme, ral_
lieront leurs frères engagés sous les drapeaux de l'émir.
Miloud-Ben-Arach, le principal agent de l'émir, est
de la tribu des Douairs, il y en a d'autres très bien
placés près de lui.

Pendant que Mustapha existe, il serait d'une saine
politique d'employer son influence sur le fils de Sidi-
Laribi (1), nommé Ben-Chaban, dont le père est mort
ou a été empoisonné dans les prisons de l'émir, et de ten-
ter l'installation d'une ligue arabe depuis Mostaganem
jusqu'au Chélif. Les Borgias, les Medgyars, toujours
flottans entre l'émir et nous, les tribus de la Mina et du
Chélif qui ont sur leurs rivières des travaux agricoles
très bien entendus (rizières, etc., etc.), et par conséquent ont besoin de nos débouchés et craignent la
guerre permanente, sont peut-être capables, régies
par Mustapha, de tenir tête à l'émir, si nos colonnes
mobiles peuvent l'occuper ailleurs.

Quant à l'occupation des villes El-Calba, Mascara,
Tlemcen, malgré l'utilité de cette dernière, qui aurait
pu être gardée (2), le ravitaillement des garnisons et la
difficulté de les relever et même de les retirer en cas de
guerre européenne, doit y faire renoncer

Comme colonie agricole, il ne faut pas songer à la
province d'Oran, malgré le séduisant aspect de Mostaganem dont la plage n'est pas tenable, même en temps

______

(1) La maison de Sidi-Laribi est puissante sur le Bas-Chélif.

(2) N'ayant plus ses habitans, qui ont été dispersés par l'émir
après notre évacuation, elle a perdu de son intérêt.

calme, pour les petites embarcations qu'on est obligé de tirer à terre.

Mais cette province n'est pas moins, à nos yeux, la meilleure partie de notre occupation. Quelques graves que soient les circonstances en Europe et en Afrique, 600 hommes nous garderont Oran, 300 Mers-el-Kebir, et ces deux points tiendront contre des ennemis aussi sérieux qu'aucune puissance peut lui en offrir, à moins de préparatifs équivalens à ceux exécutés par nous en 1830 contre Alger. Mers-el-Kebir est, selon les marins, un excellent abri pour les vaisseaux de haut-bord. Carthagène est en face sur la côte d'Espagne, à quinze heures de distance. Confions donc au génie militaire le soin de mettre le fort de ce port à l'abri du pic du Chameau qui le domine, d'y amener de l'eau de la fontaine au Plâtre qui en est voisine, et qui remplacerait avantageusement les citernes que la mer envahit tous les deux ans ; et Dieu veuille que les sombres escarpemens du fort ne voient jamais flotter d'autre drapeau que le nôtre ; ce serait une grande perte. Malheur à celui qui méconnaît ce que la fortune lui a donné, elle reste sans pitié quand il l'implore.

Nous ferons pour Oran une remarque qui peut s'appliquer aux autres localités, mais qui, dans cette ville toujours bloquée et habitée par des chrétiens exclusivement, est plus frappante. Malgré les privations de la garnison, réduite souvent au lard et au biscuit en 1832, 1833, etc. , etc., la douane percevait des droits sur les denrées alimentaires provenant d'Espagne. C'était plus que ridicule. Exemptez ces denrées de droits dans une colonie naissante. — Pour faire figurer au budget des recettes, des chiffres mensongers, car les douaniers coûtent plus qu'ils ne perçoivent, vous réduisez littéralement et bénévolement vos gens à la disette. C'est un singulier moyen d'attirer et d'augmenter la population! Gardez si vous voulez votre prohibition sur les vins étrangers pour plaire au midi; d'ailleurs, on n'a jamais manqué de vin sur le littoral. Il n'y en a malheureusement que trop, naturel et frelaté; la population chrétienne des villes est composée, pour les deux tiers, de marchands de vins et de marchands de cigares. Mais, au nom du bon sens, n'imposez pas les bœufs, les moutons, les légumes que la France ne peut ni ne veut fournir, et qui manquent souvent, éloignés du côté de la terre par les prohibitions d'Abd-el-Kader ; du côté de la mer, par les mesures tracassières des douaniers qui, sous ce point de vue, en sont les fidèles alliés.

Un peuple moins fanatique de loyauté que les Français, aurait au contraire profité de la position d'Oran pour nuire à Gibraltar et le supplanter peut-être. Un port franc à Oran eut attiré les négocians cosmopolites. Etablis à Gibraltar, ils sont contrariés dans leur commerce de contrebande par la continuité du rivage d'Espagne. Toute expédition suspecte est signalée par des espions, et si la douane espagnole ne l'empêche pas d'aborder, du moins il en coûte de l'argent ou des risques. Rien ne gênerait ces messieurs dans leurs opérations au départ d'Oran, et notre allié fidèle, le gouvernement espagnol, qui se rit de notre probité et serre la main aux instigateurs anglais en faisant crier par son peuple : *Mueran los Franceses*, pourrait trouver du déficit dans ses recettes ainsi que ses hôtes de Gibraltar. Ce dernier port est détestable, Mers-el-Kebir est excellent.

En décrivant ce que des hommes sérieux, nous le répétons, auraient voulu voir exécuter sur nos possessions, en temps de paix européenne, mais en prévision de sa rupture, nous n'avons pas détaillé l'emploi des hommes et de l'argent, Ce qui est proposé étant évidemment au-dessous de ce qui est employé, il n'y a pas d'exagération à craindre.

Les noms, propres au pays, peuvent effrayer les lecteurs qui y sont étrangers, mais une carte quelconque d'Algérie, dressée depuis la conquête, les mettra au courant.

Pour ceux que l'ennui ou l'impatience auraient saisis et qui, en feuilletant, auraient pu arriver jusqu'ici, qu'ils veuillent lire ces dernières lignes, elles contiennent tout ce qu'on a voulu dire et suffisent à celui qui, en dehors de l'application de tout système, veut comprendre sa nature.

Nous faisons dépendre l'avenir de la colonie d'un progrès agricole obtenu sous la protection de l'armée, malgré la guerre sainte, pendant deux récoltes consécutives.

Pour cela nous demandons :

Que l'on n'entreprenne d'œuvre agricole que là où on peut la couvrir, *même en cas de guerre continentale* ;

Que sur les troupes on prélève d'abord la part nécessaire à la défense des colons établis dans les limites autorisées ;

Enfin que, du surplus, d'autant plus nombreux que la France sera moins occupée, on forme des colonnes mobiles qui enlèvent à l'ennemi la plus petite idée de nous voir reconnaître sur le sol d'autres maîtres que nous.

Nous avons négligé d'examiner les systèmes d'abandon, comme une impossibilité dont le nom est odieux, et partant, cette proposition est sans danger.

Nous avons combattu le système de destruction de l'émir, de domination universelle, parce que ces propositions ont dû séduire les imaginations de nos compatriotes, et que le résultat final serait le dégoût et par suite l'abandon. Dieu veuille que beaucoup parlent haut dans notre sens et mieux que nous, surtout qu'on les écoute et qu'on leur donne raison.

Niort, le 15 juin 1841.

www.ingramcontent.com/pod-product-compliance
Lightning Source LLC
Chambersburg PA
CBHW051256030726

47595CB00003B/1281